A.L.O. Araujo

A ARTE DA GUERRA NO
JIU-JÍTSU

Uma Abordagem Empreendedora

Índice

Prefácio

Capítulo I
1. Os Princípios do Jiu-Jítsu
1.1. Observação
1.2. Concentração
1.3. Equilíbrio
1.4. Autoconfiança
1.5. Nobreza
1.6. *Ordo ab chao*

Capítulo II
2. Graduação no Jiu-Jítsu
2.1. Faixa branca
2.2. Faixa azul
2.3. Faixa roxa
2.4. Faixa marrom
2.5. Faixa preta

Capítulo III
3. A regra dos sete males de Sun Tzu à Academia
3.1. Imprudência
3.2. O mestre confuso
3.3. O aluno confuso
3.4. Amizade versus profissionalismo
3.5. Responsabilidade divisível
3.6. Desordem
3.7. Apatia

Capítulo IV
4. O Segredo da vitória
4.1. Humildade
4.2. Circunstâncias
4.3. Frequência
4.4. Preparação
4.5. Acreditar em si

Sobre o autor:

André Luis O. Araujo é bacharel em Direito, pós-graduado em Direito Penal, Psicanalista Clínico, atuou como instrutor e Coordenador acadêmico da Guarda Municipal do Rio de Janeiro – GM-Rio, assumindo as cadeiras de Legislação, Ética e Disciplina, Defesa Pessoal e por fim, coordenou cursos de atualização perante a Corregedoria da Corporação.

Faixa Preta de Jiu-Jítsu, fundador da Koru Brazilian Jiu-Jítsu - KBJJ, perante a Federação de Jiu Jitsu do Estado do Rio de Janeiro - FJJRio.

Aluno dos professores: Mestre Alexandre Cardoso Paiva, faixa preta do sexto grau e do Grande Mestre Hélio Fadda, faixa vermelha do nono grau; por cinco anos compôs os quadros de professores da renomada Gracie Humaitá dos Mestres Royler Gracie e Rolker Gracie, filial em São Cristóvão, assumindo o lugar do grandioso, amigo e Mestre Ricardo Falcão.

Patrocinadores:

Agradecimentos:

- A Deus, por ser o patrocinador oficial da minha vida;
- A minha amada esposa Elys, que nos momentos de derrota, era a única que acreditava em minha vitória;
- A minha linda filha e anjo que mesmo eu me achando um vilão, me vê sempre como seu herói;
- Ao meu amigo, irmão, Mestre Paiva, que me preparou como professor e demonstrou, por intermédio da linhagem Fadda, a essência do verdadeiro Jiu-Jítsu;
- Aos patrocinadores: OssPatches, Professor Ricardo Egídio e toda família Fadda;
- Aos meus queridos alunos / amigos, que são a força da Koru Brazilian Jiu-Jítsu;
- A todos os Mestres e alunos que me ensinaram e ensinam sempre.

Prefácio

O Jiu-Jítsu é para muitos, mais do que uma arte marcial, mas um estilo ou filosofia de vida, um meio de sustento e emprego que sustenta e emprega muitos profissionais dessa tão amada arte que uma vez já comprovada sua eficácia prática, faremos sua comprovação cientificamente empreendedora, com base no Best Seller: "A arte da Guerra" de Sun Tzu.

Bem verdade que um Tratado de Guerra o torna um meio para o fim a que se destina. No entanto, a característica metodológica de aplicabilidade, pode e deve ser usada para qualquer ciência humana.

Não é o foco esgotar o assunto, mas provocar uma onda de empreendedores escondidos nas vestes de professores e assim, causar a transformação necessária para que o professor de Jiu-Jítsu, realmente seja digno de ao menos constar no Código Brasileiro de Ocupações.

Nos dois primeiros Capítulos, há uma abordagem clássica de aspectos éticos e morais, que servirá tanto para os leigos, quanto para os mais avançados praticantes. Nos Capítulos posteriores, o foco é a administração de uma academia de

Jiu-Jítsu, com erros evitáveis, dicas de como começar e cuidados para manter.

Assim, convido o caro leitor a despir-se de qualquer conceito pré-concebido sobre o jiu-jítsu, se assim for, e com a mente aberta ao que estará prestes a ver, certamente poderá retirar algo que acrescente em sua vida, de forma positiva. Com isso, terá um método de trabalho mental e prático que poderá ser utilizado em todo momento.

"(...)o estrategista vitorioso busca o combate após seus planos indicarem que a vitória é possível, ao passo que o destinado à derrota entra em luta sem um planejamento engenhoso e espera a vitória chegar por acaso (...)"
Sun Tsu

Professor André Araujo.

CAPÍTULO I

OS PRINCÍPIOS DO JIU-JÍTSU

1.1. Observação.

"Conheça seu inimigo e conheça a si mesmo, e, em cem batalhas, você nunca será derrotado"

Observar, antes de qualquer coisa é conhecer tudo ao seu redor, é olhar a tudo que o mestre passa de ensinamento, é a essência do aprendizado. No entanto, o Princípio da Observação no Jiu-Jítsu perpassa por esse caminho e acrescenta o fato de ver aquilo que também não foi ensinado por seu mestre a você.

Um treino comum é dividido em: aquecimento, atividade física, treinamento da técnica e parte prática. Aquele que é bom observador sabe que a aplicabilidade do que é passado pelo mestre não cessa naquele dia. Simplesmente é o treinamento constante que leva ao aperfeiçoamento da posição e observar o que está ao seu redor significa ver detalhadamente o treino dos mais antigos e mais graduados da Academia. Através deles é possível acrescentar a técnica passada ao aperfeiçoamento de cada biotipo físico, ou seja, aquela técnica rebuscada que exige elasticidade elevada e agilidade, será obviamente assimilada totalmente pelo atleta que se encaixa nesse perfil. Porém, aquele que é maior e menos ágil, naturalmente irá adaptar a posição. Essa adaptação, gerará novos aprendizados para aquele que observar.

Importa ressaltar que um Dojô é para nós, um local sagrado que representa todos os antepassados da arte marcial que praticamos. Como tal, a reverência e respeito são essenciais à construção da disciplina e desta forma, até no ato de sentar-se para aguardar o próximo treino não pode ser de qualquer jeito. Primeiramente, porque é arriscado à integridade física; por exemplo: se estiver esperando sentado com a perna esticada e o treino acontecendo, em um descuido se alguém cair sobre sua perna, inevitavelmente haverá uma lesão. Em outro aspecto, quando está em postura, encostado com as pernas flexionadas, além de se proteger, a observação no treino é melhor.

Aprende-se muito observando e se por ventura julgar ser inútil observar é porque você não precisa aprender mais nada, é tão bom como atleta que esquece o verdadeiro sentido onde o atleta e o caráter são frutos derivados da mesma árvore, inclusive poderia até mesmo parar de ler as próximas páginas nesse exato momento.

Uma vez conhecendo como os outros agem, interagem e reagem, você poderá se conhecer, conhecer seus pontos fracos e firmemente lapidar cada aresta, construindo templos à virtude e cavando masmorras aos vícios.

1.2. Concentração.

"Vencer cem batalhas não é o auge da habilidade, mas, subjugar seu inimigo sem lutar, é."

Nada disso faria sentido se não mantivesse a concentração em sua leitura a esse texto. Assim como vencer um texto chato requer concentração, vencer uma luta também. Pois, quantas vezes já se pegou lendo e pensando em algo completamente diferente? Se sua intenção é melhorar como um atleta e como pessoa, manter a concentração nos treinos é de suma importância, sob pena de perder.

Ao contrário do que muitos pensam, perder uma luta não é a pior derrota, pois esta encontra-se presente primeiro em seu interior. Isso mesmo! Somos derrotados por nós mesmos. O adversário é mera consequência da falta de concentração. Ninguém se concentra em um treino, falando o tempo todo, por exemplo.

O ato de se concentrar é trazer para o centro, tornar concentrado, ter atenção centralizada em olhar fito e constante. Dentre tantas definições, pode-se dizer que muitos nomes foram escritos na história porque aprenderam esse segredo.

Portanto, seu pior inimigo, é você

mesmo. Não subestime esse inimigo, não se julgue nem incapaz, nem capaz, mas suficientemente concentrado em fazer tudo o que lhe foi ensinado que irá se surpreender e perceber que é mais do que imaginava ser.

1.3. Equilíbrio.

"Evite a força (...) ataque a fraqueza"

Durante toda caminhada que o Jiu-Jítsu precisou percorrer até chegar onde chegou, precisou-se de muitas derrotas para poucas vitórias. Nós colhemos os frutos daqueles que sangraram pelo futuro que é o nosso presente.

Derrotas e vitórias são dualidades que estão caminhando com qualquer atleta. Se não há derrotas em competições, há derrotas fora delas. Fato é, que se as lágrimas são derramadas na madrugada, a vitória vem pela manhã, ou seja, para forjar uma invencibilidade, muito suor e lágrimas precisam ser derramados anteriormente.

O equilíbrio entre as dualidades que a vida proporciona, traz em seu bojo o verdadeiro sentido de continuidade. Pois, o sábio não é aquele que tudo sabe, mas aquele que passa pelas dificuldades com sabedoria.

Saber moderar e agir com equidade, ética, justiça e suavidade é a chave de muitas portas.

O Princípio do Equilíbrio tem duas conotações que em tese, no primeiro momento, de forma conceitual ressoa como já descrito anteriormente, através de um ato de ponderação. No segundo aspecto, retrata de forma prática para nosso milenar esporte, como a luta constante entre o ser humano e a gravidade.

A todo momento, somos atraídos para o chão, graças a força da gravidade que nosso Planeta exerce sobre nós. Partindo disso, precisamos entender o ponto de equilíbrio do adversário para que uma raspagem funcione. Quando esse ponto de equilíbrio é dominado pela **F**orça de **D**esequilíbrio do adversário, combinado com a **F**orça natural da **G**ravidade, surge a raspagem.

FD + FG = 2 pontos

Dessa forma, a maior das fraquezas em comum que temos, é essa força gravitacional que nos atrai para baixo.

Logo, sabendo disso, não há motivos para usar a própria força. Para isso, pêndulos e alavancas são as principais munições de verdadeiras armas técnicas.

1.4. Autoconfiança.

"Sem derramar uma gota de sangue, sem mesmo desembainhar a espada, consegue tomar as cidades."

Nas histórias em quadrinho é comum observarmos inúmeros personagens que inicialmente são proporcionalmente e fisicamente inferiores em relação as outras pessoas. Em seguida, são apresentados a alguma fórmula ou picados por insetos e simplesmente invertem absurdamente aquela desproporcionalidade que tinham antes.

Na vida real, onde não existe adamantium, aranhas geneticamente modificadas ou fórmulas mágicas que fazem ficar extremamente fortes e verdes, é preciso ter ciência e assumir as deficiências que nos assolam. Tendo esse começo, ao praticar Jiu-Jítsu, o indivíduo não será capaz de quebrar uma parede de concreto com a mão, mas se sentirá assim!

Confiar em si mesmo é exercer de forma sábia a potencialidade de suas dificuldades, é conquistar cidades, sem desembainhar a espada.

Por isso, qualquer pessoa, de qualquer idade pode praticar esse maravilhoso esporte e com perseverança e suor, vai descobrir que é um ser humano inatingível. E quando a dificuldade aparecer, adaptará ao seu estilo de acordo com sua dificuldade.

Não é difícil observar em campeonatos e nas academias, atletas deficientes físicos. Da mesma forma, não é difícil observarmos o quanto temos que aprender para chegarmos ao nível deles.

1.5. Nobreza.

"Vá avisar ao rei. -Disse- que suas mulheres sabem fazer o exercício; que posso levá-las a guerra, fazer com que enfrentem todo tipo de perigo, até mesmo atravessar água e fogo."

O processo de escolha para um candidato a Nobre no Brasil, se dava mediante a apresentação de uma série de documentos e não poderia apresentar bastardia, crime de lesa majestade, ofício mecânico ou sangue infecto. Fatores estes, considerados impedimento para posse do título que poderia ser de Duque, Marquês, Conde, Visconde e Barão. Cada um desses títulos em 1860, custava voluptuosos contos de réis.

O Jiu-Jítsu por sua vez, surge no Brasil no Século XX, onde registra-se a presença de Geo Omori em São Paulo, concomitantemente Mitsuyo Maeda em Belém. Este lecionou a Arte Suave a Carlos Gracie, Luiz França, Donato Pires, Jacinto Ferro, entre outros que ainda não se sabe os nomes.

Carlos Gracie, aluno do também conhecido Conde Koma, ao se mudar para o Rio de Janeiro com sua família, iniciou seu legado na zona sul, área nobre da cidade e conquistando notoriedade, ganhando o respeito que todo o Globo terrestre conhece.

Jigoro Kano > Mitsuyo "Conde Koma" Maeda > Carlos Gracie > Hélio Gracie...

Luiz França a partir de 1916, em Manaus, iniciou seu caminho no Judo se tornando aluno inicialmente de Soishiro Sotake (aluno da Kodokan, pertencente a Jigoro Kano), estudando o então conhecido à época como Kano Jiu Jitsu. Quando passa a morar em Belém, continua seu estudo da Arte Suave com Mitsuyo Maeda. Por fim, completa seu aprendizado em São Paulo com Geo Omori. Quando passa a residir no Rio de Janeiro, lecionou nas regiões menos abastadas. Assim, surge seu aluno mais aplicado, Oswaldo Fadda. Nascendo uma nova linhagem.

Jigoro kano > Mitsuyo "Conde Koma" Maeda > Luiz França > Oswaldo Fadda...

Estes são os heróis que o esporte atualmente rende inúmeras homenagens e maior título de nobreza que este, com certeza não há. Certamente, hoje há muitas escolas que ensinam a Arte Suave, bem diferente do início do Século XX. Por isso, cabe ao aprendiz escolher seu mestre e se adaptar ao seu estilo e filosofia. Caso haja divergências e questionamentos sobre o caráter ou conduta, reavalie se realmente é digno de representar sua linhagem e sugiro que busque uma melhor opção.

Ser nobre hoje, significa tratar a todos dignamente, com educação, respeito e cordialidade peculiares de um verdadeiro mestre.

"Conde Koma"

1.6. Ordo ab chao.

"Ciente de tuas capacidades e limitações, não inicies nenhuma empreitada que não possas levar a cabo."

A teoria do caos nos revela que tudo leva a mais pura confusão. Vivemos em meio a esse turbilhão caótico.

Quando trazemos esse princípio aos treinamentos, pode-se inicialmente perceber que nunca se aprenderá os mistérios técnicos do Jiu-Jítsu, mas faz-se necessário estabelecer a Ordem no Caos que cada um de nós trazemos internamente.

Graças ao pânico de locais apertados e a dificuldade de respirar pelo desvio de septo, com propriedade afirmo que o Jiu-Jítsu curou a claustrofobia que me assolava e aprendi a treinar respirando corretamente.

Nas Academias, o número de pessoas que enfrentam uma fobia é reduzido, mas ainda assim existem muitos que tentam e alcançam bons resultados.

A respiração é fundamental para continuarmos vivos. Porém, a respiração correta é o que manterá você "vivo" até o final da luta.

Existem dois tipos de respiração que

precisam ser pontuadas. A respiração torácica ou peitoral e a respiração diafragmática ou abdominal.

- Respiração torácica ou peitoral. Preste a atenção se ao respirar seu tórax se expande. Se isso acontecer, provavelmente você é uma pessoa que vive com algum tipo de problema respiratório. Isso se deve ao fato de que o oxigênio que deveria passar por toda extensão dos pulmões, passa somente na metade deles, ocasionando a morada de micro-organismos na parte não utilizada.

- Respiração diafragmática ou abdominal. Pode-se observar seu abdome se expandindo ao respirar, significa que possivelmente você não tenha incidências de problemas respiratórios. Porém o desvio de septo, traz a obstrução do fluxo de ar necessário para o oxigênio fluir e agir fornecendo a energia que nosso corpo precisa.

Quando há a incidência de dificuldades respiratórias, combinado com a pressão da luta propriamente dita, temos um caos instaurado. Para controlar isso, além da possibilidade de tratamento com o profissional especializado, há a possibilidade de treinar a respiração correta. Primeiramente, respirar tentando utilizar toda extensão do pulmão, tarefa complicada para quem já tem o costume de respirar de outra forma. Outro detalhe é respirar sempre pelo nariz e nunca pela boca, porque quando respiramos pela boca em um treino, o cansaço vem bem mais rápido.

Entre outros percalços que são inerentes a vida de qualquer atleta, estabelecer a ordem no caos especificamente ao praticante de Jiu-Jítsu é fundamental para o transcorrer tranquilo na hora da luta. Existem adversários de todo tipo, com compleições físicas diferentes um do outro. Desde o mais leve e rápido ao mais pesado e lento. Cada um poderá trazer um caos que é necessário estabelecer. Se o adversário é muito leve e geralmente são rápidos, use essa rapidez ao seu favor e anule suas pernas. O domínio das pernas de um adversário rápido é igual ao domínio do voo para uma ave de rapina. Por outro lado, o adversário pesado e lento tem seu ponto fraco nos braços, dominando-os e anulando-os, nada fará.

No entanto, há aqueles extremamente fortes que não aparentam a força que tem, seja lá qual for o motivo disso. O fato é que também estão entre nós e por sua vez, o que é mais observado hoje em dia nas Academias é a valorização da força sobre a técnica.

Aprendemos que a força nunca vai sobrepujar a técnica, se fosse assim todo fisiculturista seria um faixa preta. O problema é o uso indiscriminado de substâncias que aumentam o rendimento e a massa muscular. Lamentavelmente isso é um fato, assim como é um fato não existir antidoping nos campeonatos. Quando isso acontecer, voltaremos a ter nossa Arte Suave em competições.

Convivendo com as diferentes inconstâncias que os treinos nos trazem, aprendemos que ter calma, saber respirar para poder pensar em qual técnica aplicar e utilizar a pressão correta para uma finalização correta é a ordem que caos precisa.

CAPÍTULO II

2. Graduação no Jiu-Jítsu.

2.1. Faixa Branca.

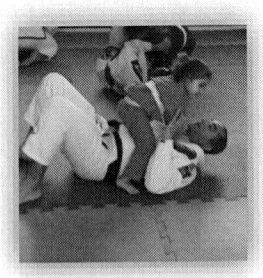

Tudo começa de um início e todo início é difícil. O processo da concepção é o início de uma vida ao mundo, que chega de forma abrupta, onde deixamos um ambiente tranquilo e protegido para vir a um mundo conturbado e contagioso. Já nascemos perdendo! Por isso, não devemos nos acostumar com as derrotas, mas devemos aprender e conviver com elas.

Assim começa o trajeto do aprendiz. Como tal, somos uma pedra bruta que precisa ser desbastada e a busca da polidez deve ser eterna, porque ninguém sabe todas as coisas.

A faixa branca representa o início do futuro faixa preta, pois a diferença do faixa branca para o faixa preta, é que o faixa preta é o faixa branca que não desistiu.

A palavra desistir, quando você imagina ser seu limite, é sempre uma opção. Porém, tenha em mente que essa é a diferença entre o vitorioso e o perdedor.

Nas primeiras aulas o aluno é apresentado as técnicas básicas de defesa, aprende a forma correta de cair sem se lesionar, em seguida é apresentado a alguma técnica de constrição ou torção. Mas, repare que até chegar à finalização ou passagem de guarda, é necessário aprender o básico. Aquele que inicia em uma classe avançada, merece atenção especial e aquele que deixa de observar e praticar as técnicas iniciais, estará fadado a ter alguma dificuldade no futuro. Na matemática, primeiro aprendemos a somar para depois dividir e não o inverso.

Na abertura da guarda observamos que o adversário, aquele que está por baixo com as pernas entrelaçadas, está em posição de vantagem e por esse motivo deve ser efetuada a abertura correta dessa guarda. Existem várias técnicas para isso que hoje em dia, até pela internet é possível saber. A questão em pauta é valorizar o mestre e seus conhecimentos, confiando no conteúdo apresentado naquele momento. Se a semana inteira é ofertada uma posição de passagem de guarda, não se deve avançar por conta própria e querer, por exemplo, aplicar uma finalização que não foi ensinada. O mestre tem um conteúdo programático a ser aplicado a todos de uma forma geral, se a aula for coletiva. Se o aluno avança por conta própria, estará da mesma forma, arriscando por sua própria responsabilidade, além de atrapalhar a evolução natural daquela posição não só para si, mas aquele que está treinando junto.

O faixa branca deve ter paciência e

acreditar em seu mestre para que sua evolução possa dar certo. O desenvolvimento e crescimento demandam tempo e prática, quanto mais se pratica, mais se desenvolve, é só ter calma e observar que cada indivíduo tem um tempo e desenvolvimento próprio, não adianta chegar ao limite e treinar estafado que daquele momento em diante o rendimento é extremamente reduzido.

Para que um piloto de avião se torne realmente um profissional da aviação, precisa ser devidamente habilitado e certificado, mas nada adiantaria se não tivesse a experiência que as horas de voo proporcionam. Da mesma forma é o Jiu-Jítsu, não busque certificações, diplomas ou faixas, busque horas de treino!

2.2. Faixa Azul.

Lembrando que entre a faixa branca e a

faixa azul, existem as faixas intermediárias amarela, laranja e verde, que são destinadas às crianças e adolescentes até 15 anos, de acordo com as regras atuais da Federação Internacional de Jiu Jitsu. Como os atletas mirins ainda estão em fase de formação física e moral, por isso abordaremos o trajeto do Faixa Azul.

Essa é a fase de reconhecimento pela dedicação apresentada anteriormente. Para chegar até aqui, há um esforço relativo à superação física e pessoal. Muitas vezes, superar uma lesão física é mais fácil do que um problema pessoal que dificulte os treinos.

Por mais que já tenha certa experiência na Arte Suave, ainda se utiliza muita força desnecessariamente, há a confusão entre pressão e uso excessivo da força.

A pressão que deve ser imposta contra o adversário é para que não haja um conforto ao ponto de dar espaços demasiados para que este comece a exercer a pressão contrária. Por sua vez, o uso da força tem que ser moderado, pois se fizer força o tempo inteiro provavelmente irá se cansar muito rápido e se fizer mais de uma luta, estará tão ofegante e exausto que nem vai se aguentar em pé.

Pois bem, então como fazer a dosagem correta entre pressão e força?

Tanto para um quanto para outro, precisa ser efetuada a técnica correta. Quando aprendemos a nos alimentar com os talheres, a falta de coordenação e o excesso de força fazem com que o alimento caia do talher. A pressão como dito, é aplicada para obter vantagem ou pontuação, já a força é exercida para manter essa pressão ou para finalizar. Mas, tudo isso é o tempo que ditará o certo ou errado. Para isso, faz-se necessário "horas de voo".

Um exemplo prático é quando o

adversário se encontra por baixo, dominado na posição "cem quilos" e se quem está por cima ficar parado e sem o devido controle do quadril de seu oponente, é uma questão de tempo para quem está por baixo, fazer a reposição da guarda.

2.3. Faixa Roxa

Só sabemos que o Lobo mau é mau, pela versão da Chapeuzinho Vermelho.

Assim começa o entendimento e discernimento do praticante de Jiu-Jitsu em relação ao caminho percorrido e o que ainda virá. Pois, com o tempo, aprende-se a pensar por si só, a moldar o estilo de jogo que perdurará por uns bons anos à frente. A exemplo disso, temos o grande professor e Mestre Ricardo dela Riva que com perfeição, arte e técnica, modificou e criou o famoso gancho que leva seu nome e hoje chamado de "Guarda de la Riva".

Assim, o faixa roxa hoje conseguirá entender a mecânica que o seu corpo lhe oferece, em relação a biotipos distintos, sabendo dessa forma, adaptar-se, mas principalmente estabelecer um jogo sólido e persistente.

Nesse patamar, considerado por muitos, metade do caminho, é a hora de perceber qual lado escolher. Repare, não me refiro a caráter, mas se conhecer e saber que há uma certa responsabilidade em cada ato que fizer, em cada decisão que tomar e em cada omissão há uma conduta negativa que prejudicará outrem, saberá que já está se instaurando o aspecto de Samurai em sua personalidade e aderindo a filosofia do verdadeiro guerreiro.

Dificilmente a forma de treinar, pegada, finalizações, o jogo em si, irão mudar absurdamente, salvo se existir uma lesão que tenha que alterar toda estrutura estabelecida até esse momento. Assim, a escolha que se faz é em vista do quanto já tem conhecimento, do quanto já aprendeu, da responsabilidade que começa a aumentar.

Ressalta-se, inclusive, que algumas Escolas formam seus atletas, mediante um processo lento e cauteloso, onde o faixa roxa é intitulado e certificado monitor, geralmente auxiliando em funções e aspectos operacionais da Academia, bem como sendo inserido em projetos sociais com a supervisão do mestre. Importa também sabermos, que nem todos estão preparados para lecionar, assim como nem todos estão treinados para serem campeões mundiais. O ideal seria reunir ambas aptidões como há em muitas Academias atletas que são excelentes competidores e excelentes professores.

2.4. Faixa Marrom

No treinamento militar, treinamos para uma eventual guerra e como toda guerra, impera o poder daquele que melhor preparado se encontra, sobrepujando o inimigo de todas as formas possíveis mediante o material bélico e treinamento físico militar. No entanto, o inimigo sempre ataca quando não estamos esperando.

Dessa forma é quando chegamos na faixa marrom. Todo treinamento e ajuste de posições são tratados nesse degrau, com novas finalizações e chaves que antes não eram possíveis pelo grau de responsabilidade técnica, ajuste da pressão e poder de lesividade, agora a responsabilidade que leva consigo para toda a vida é a mesma de portar uma arma, só lhe restando se concentrar em permanecer alerta e não descansar para que nosso maior inimigo, que é o desânimo, não ataque.

Neste patamar, o faixa marrom em

destaque, poderá receber o título de instrutor, podendo até mesmo ter sua própria Academia, com a supervisão técnica de um faixa preta que se responsabilize pelos atos daquele instrutor.

2.5. Faixa Preta

Certa vez, quando aprendiz e mestre caminhavam juntos, o mancebo questionou:

- Mestre, quando me tornarei um mestre como o senhor?

Ele responde:

- Quando alguém lhe fizer a mesma pergunta!

O que lhe tornará um Professor de Jiu-Jítsu não é a cor da sua faixa, mas quando reconhecerem que efetivamente há de ser valorizado como tal. Essa valorização e reconhecimento começa pelos iniciantes e se estende aos mais graduados, até o mestre decidir que está pronto para começar a aprender.

O fim de cada etapa na vida, na verdade é o início de outra e na faixa preta não poderia ser diferente, a sensação é de dever cumprido, de vitória, do alcance de um sonho. Porém, é o início de uma nova etapa, momento de aprender algo novo, reajustar, redescobrir. Pode-se comparar ao garimpeiro que persegue o ouro constantemente, assim é o faixa preta, aquele que garimpa por novos conhecimentos.

Na realidade, esse é o fim de um ciclo e início de outro. Muitos falarão que é só o começo ou que agora você aprenderá Jiu-Jítsu. Se prepare, porque é verdade!

Mestre Hélio Gracie, em protesto à banalização da faixa preta, na qual muitos estavam se tornando professores das mais variadas formas, passa a dar aulas com a faixa azul. Tal atitude nos ensina que há uma grande diferença entre ser um faixa preta e ser um professor. Isso porque, o Jiu-Jítsu não é a faixa, mas a pessoa como um todo e o leva em sua alma, para que seu espírito esteja pronto a atuar, quando realmente precisar, assim como um atirador de elite. A diferença é que a arma é você.

De outro viés, sabe-se que ainda não há no Jiu-Jítsu um órgão que seria responsável pela avaliação ou correição dos profissionais dessa área. Pois, entende-se equivocadamente que o faixa preta já é um profissional habilitado a atuar como um professor, quando na realidade não é bem assim.

Hoje as academias, são fábricas de campeões e não fábricas de professores que irão repassar valores e conceitos éticos da verdadeira filosofia do antigo Ju Jitsu oriental. Porém, de um modo geral, há de se entender que se ensino meu filho a bater, ele ensinará ao filho dele, nada diferente do que bater também.

Em uma palestra realizada no interior de um auditório de um Órgão de Segurança Pública do Rio de Janeiro, reunião de professores e mestres da Academia Fadda Jiu Jitsu, que acontece regularmente, tive a honra de observar o auditório lotado, enquanto o Grande Mestre João Alberto Barreto pronunciou a seguinte assertiva: "(...)hoje não sabemos quem realmente é melhor em uma luta de Jiu-Jítsu. Em um campeonato ou até mesmo na academia, você vê um treino e daqui a pouco um pega o pé do adversário, começa novamente e ninguém sabe quem é o melhor realmente."

No momento que ele falava isso, olhei para a plateia e observei claramente a interrogação em alguns. Como se fosse capaz de ler pensamentos, me atreveria a dizer que alguns não entenderam que o

Mestre se referia ao Jiu-Jítsu que hoje não existe mais. Um Jiu-Jítsu onde regras e pontos limitam quem realmente é o melhor. O nosso esporte foi declarado um dos mais mortais do mundo. Logicamente, ninguém quer ver o final do famoso juji gatame.

A propósito, nossa arte marcial tem origem japonesa, adaptou-se com o Grande Mestre Hélio Gracie e chamamos a chave de braço de "armlock"? Nem em outros países chama-se dessa forma. Portanto, o "famoso" acima, é intencional para refletirmos.

Então, o Jiu-Jítsu que o palestrante se referiu, não veremos mais e inevitavelmente nunca saberemos quem realmente é o melhor lutador, pois até nos combates de Artes Marciais Mistas, temos regras que preservam a integridade física do atleta e, ainda bem.

O fato é que estamos diante de um novo tempo para o esporte e as adaptações e limitações são necessárias. Ainda viverei para ver um órgão de controle que fiscalize e corrija academias e professores. Pois muitos que se dizem professores, são na verdade fábricas de orgulhosos e vaidosos, quando nem professores, efetivamente são.

Ser professor é antes de tudo, ser um aluno e ser aluno é saber respeitar, saber ser empático, saber ficar calado no momento certo, falar no momento certo, saber ouvir, saber se expressar, ter educação, ser cordial, ser simpático, ser verdadeiro, ser leal aos princípios do Jiu-Jítsu e por fim, se não sabe do que estou dizendo aqui, aconselho a voltar à faixa branca.

Devemos levar em consideração que nossa Arte Marcial, surge como uma forma de proteção e para afugentar aqueles que queriam causar o mal. Durante sua história, percebe-se que os Samurais, que eram os guardiões do Imperador, já eram detentores do conhecimento do Ju Jutsu primitivo que combinavam como conhecemos hoje, inúmeras técnicas e artes marciais distintas, em uma única luta ou modo de vida. Assim, o Faixa Preta de Jiu-Jítsu, é de certa forma um Samurai e como tal, detém o conhecimento que muitos não merecem ter. Isso requer respeito e honra.

O Código Samurai ou Bushido (Bushi – guerreiro e Do – caminho), nos ensina a verdadeira filosofia do que é ser um Faixa Preta de Jiu-Jítsu e por isso, seguem alguns conceitos que considero os mais importantes, pelo valor moral e ético:

1. "Enquanto se possa mexer, treine o corpo.
   Enquanto não se possa mexer, treine a mente."
2. "Quando um samurai diz que fará algo, é como se já o tivesse feito. Nada nesta terra o deterá na realização do que disse que fará."

3. "A perfeição é uma montanha impossível de escalar que deve ser escalada um pouco a cada dia."
4. "Uma alma sem respeito é uma morada em ruínas. Deve ser demolida para construir uma nova."
5. "Credo do Samurai:

   Eu não tenho pais, faço do céu e da terra meus pais.
   Eu não tenho casa, faço do mundo minha casa.
   Eu não tenho poder divino, faço da honestidade meu poder divino.
   Eu não tenho pretensões, faço da minha disciplina minha pretensão.
   Eu não tenho poderes mágicos, faço da personalidade meus poderes mágicos.
   Eu não tenho vida ou morte, faço das duas uma, tenho vida e morte.

Eu não tenho visão, faço da luz do trovão a minha visão.
Eu não tenho audição, faço da sensibilidade meus ouvidos.
Eu não tenho língua, faço da prontidão minha língua.

Eu não tenho leis, faço da autodefesa minha lei.
Eu não tenho estratégia, faço do direito de matar e do direito de salvar vidas minha estratégia.
Eu não tenho projetos, faço do apego às oportunidades meus projetos.
Eu não tenho princípios, faço da adaptação a todas as circunstâncias meu princípio.
Eu não tenho táticas, faço da escassez e da abundância minha tática.

Eu não tenho talentos, faço da minha imaginação meus talentos. Eu não tenho amigos, faço da minha mente minha única amiga. Eu não tenho inimigos, faço do descuido meu inimigo. Eu não tenho armadura, faço da benevolência minha armadura. Eu não tenho castelo, faço do caráter meu castelo. Eu não tenho espada, faço da perseverança minha espada."

Bushido

CAPÍTULO III

3. A regra dos Sete Males de Sun Tzu à Academia.

Nesse Capítulo daremos foco à Administração da Academia, onde ajudaremos os leitores e futuros empreendedores como profissionais de Jiu-Jítsu e alunos que desejam fazer dessa arte marcial, um meio de trabalho. Para tanto, tomaremos como base de apoio o mestre da arte da guerra e seus conselhos que serão inevitavelmente aplicados e por sua vez, adaptados ao universo atual e a realidade proposta neste livro.

A regra dos Sete Males aborda questões pontuais nas quais, o comandante não deve fazer ou se fizer, pode vir a falhar.

3.1. Imprudência.

"1. Executar cegamente ordens tomadas na Corte, sem o arbítrio do príncipe, sem se ater às circunstâncias."

Uma Academia de Jiu-Jítsu não nasce com o professor, mas com os alunos. Como exemplo disso, o nosso esporte passa a ser oficialmente reconhecido, em 1973, com o nascimento da Federação Carioca de Jiu Jitsu ou "Federação de Jiu Jitsu da Guanabara", graças ao esforço e dedicação dos Grandes Mestres Carlos Gracie e Hélio Gracie.

Sabe-se que o Jiu-Jítsu foi introduzido no Brasil, décadas antes desse marco histórico. Aprendemos assim, que é prudente nos atermos às circunstâncias de que os alunos são o bem mais precioso de qualquer escola.

Pois bem! Então, por onde começar?

1. Tenha alunos;
2. Tenha um local adequado;
3. Seja amparado legalmente;

Essa "fórmula" não é uma ordem a ser seguida, mas uma proposição que pode ser pauta de um planejamento estratégico adequado ao iniciar uma startup dessa natureza. Mas, se desejar primeiro ter um local e depois alunos, pode ser que tenha prejuízo, porque alunos não caem do céu e sugiro ter cautela.

    1.1. Assim como não se faz uma construção sem os pilares, não se faz uma academia sem alunos.

Ter um local adequado, significa condições mínimas para produção de uma aula adequada.

    2.1. Precisa ser arejado, com fácil ventilação;

    2.2. Em seguida o tatame, que pode ser de várias formas, precisa no mínimo, ser limpo (a máquina de lavar dos alunos agradecerá);

    3. As documentações são as mais diversas e variam de acordo com o Estado, porém para fazer nascer juridicamente uma Academia de Jiu-Jítsu, faz-se necessário procurar a

Junta Comercial ou o Cartório de Registro de Pessoa Jurídica do seu Estado, ir munido de uma série de documentos que geralmente são o contrato social, cópia do RG e do CPF, requerimento padrão adquirido na junta comercial, Ficha de Cadastro Nacional – FCN, modelos 1 e 2 e taxas pagas através do Documento de Arrecadação de Receitas Federais – DARF. Parabéns! Você terá o Registro da sua empresa, com um Número de Identificação de Registro de Empresa – NIRE. De posse dessa numeração, deverá ser feito o cadastro na Receita Federal, seguir os passos do site. Por fim, o alvará na Prefeitura, a inscrição Estadual, cadastro na Previdência Social e aparato fiscal.

Finalmente, estamos diante de uma efetiva Academia de Jiu-Jítsu. Mas fique atento quanto às atividades que serão exercidas e naturalmente declaradas para gerar o Alvará. Se você tem pressa e quer funcionar o mais rápido possível, se limite em informar "curso de artes marciais" ou qualquer terminologia parecida. Não informe o que não fará de imediato, como vendas de lanches, venda de material esportivo, oferecimento de serviços, como lavanderia etc. Para cada informação, há uma avaliação e consequentemente uma fiscalização. Não seria conveniente e profissional, o aluno chegar para ter aula e perceber que sua Academia foi lacrada por uma medida administrativa legal, em razão da sua não observância às normas de segurança ou determinações legais.

Então, se deseja ampliar seu empreendimento, faça no tempo certo e na hora adequada e o que tiver de ser acrescentado em seu alvará, faça depois. Não seja imprudente e lembre-se: alunos em primeiro lugar, o resto depois!

No Brasil, onde nada é fácil para quem não tem dinheiro e está iniciando sua trajetória profissional, um bom caminho é começar oferecendo o serviço de professor de Jiu-Jítsu em Academias, preferencialmente, próximas a sua residência. Digo isso, porque provavelmente, em uma única Academia, você não terá o retorno financeiro que espera, uma vez que perde 50% ou 60% para a Academia que lhe contratou e ter pelo menos a qualidade de vida, em trabalhar perto de casa, compensa o desgaste do trânsito.

Sendo assim, é de bom tom que o Professor se apresente com seus Diplomas e certificações em mãos, combinado com um Currículo que tenha seus contatos e endereços.

Muitas Academias aceitam o serviço de pessoas que nunca tiveram Diplomas e

Certificações e isso é um risco aos alunos e a Academia contratante.

Sobre as formas de contrato, podem ser os mais variados, desde o acordo verbal ao contrato formal, com assinatura da Carteira de Trabalho Profissional. Nessa última hipótese, é o mundo ideal para que o Professor tenha todos os direitos legais adquiridos e amparados pela Consolidação das Leis Trabalhistas – CLT.

Porém, o que observamos na maior parte dos Professores recém-formados, é que são profissionais prestadores de um serviço essencial, pois estamos falando de segurança, logo, é sim essencial, mas são obrigados a se submeterem a contratos verbais, sem qualquer direito.

Para esses, aconselho que se cadastrem como Microempreendedores Individuais. No sítio da internet chamado "portaldoempreendedor.gov.br" fornece todo passo a passo para que você possa se cadastrar. Não é oneroso e você terá alguns direitos reservados, como à aposentadoria.

De toda forma, vale ressaltar que o conceito de Empresário Individual é diferente de Microempreendedor Individual - MEI. Eles se diferenciam principalmente com relação à restrição de atividades, ao faturamento anual, à possibilidade de contratação de funcionários e à quantidade de obrigações acessórias. A única semelhança é que os dois modelos são formados por profissionais que trabalham por conta própria, sem sócios, e querem ter um nível de formalização do seu negócio.

O MEI, é uma significativa opção e o cadastro pode ser feito pela internet, por você mesmo, sem a necessidade de pedir ajuda a um intermediário.

Siga os seguintes passos:
    1. Acesse o Portal do Empreendedor;
    2. Role a página um pouco para baixo,

você verá um botão com o nome "Quero me Formalizar", clique nele;

3. Para iniciar o processo, você precisa informar seu CPF e data de nascimento.

4. Na próxima etapa, você irá preencher um formulário com as suas informações pessoais.

5. Em seguida, selecione a atividade principal e as atividades secundárias de sua empresa.

6. Feito isso, o sistema irá lhe pedir o endereço comercial / residencial. Você consegue usar o endereço da sua casa, mas é preciso verificar na prefeitura se pode exercer sua atividade naquele espaço.

7. Leia com atenção as declarações que o sistema pede e selecione as opções para enviar o formulário.

8. Agora é só confirmar sua inscrição que você terá um cadastro como MEI.

3.2. Mestre Confuso.

"2. Tornar os oficiais confusos, despachando emissários que ignoram os assuntos militares."

O conceito de Startup é de certa forma, novo dentro do universo das artes marciais. Pois os conceitos de empreendedorismo aplicados a uma grande empresa que começou de forma simplória e sem muito impacto mercadológico, são os mesmos a uma Academia de Jiu-Jítsu. No entanto, quando se trata de empresas de sucesso, não importa o que se faça, desde que dê certo.

Mesmo assim, o que pode causar certo abalo na carreira do professor iniciante é a frustração de tentar, tentar e nada acontecer. Raros são os casos de empreendedores que acertam na primeira vez e mais raro ainda é o empreendedor despreparado, dar certo.

Uma das maiores franquias do Brasil é a China in Box e o próprio Robinson Shiba, Dentista de profissão, fundador da marca, afirma que não tinha qualquer preparo quando se aventurou nessa empreitada. Ele atribui seu sucesso a seu pai que sempre acreditou nele, com apoio da odontologia, conseguiu iniciar. Com o tempo, foi tendo perdas significativas, mas superou todas elas e continua crescendo no mercado. Ele diz que acreditar é importante, só que acreditar sem planejamento e implantação, não dá certo.

Diferente de outras áreas, o Jiu-Jítsu nos fornece algo interessante por si só, a autoestima elevada. Isso é um fator importante para seu crescimento dentro do esporte. Mas quando se trata em empreender e fazer acontecer uma academia de sucesso, quando se tenta e não consegue, há certa confusão mental e uma sensação de impotência poderá surgir.

Nesse momento, há de se pensar e refletir como Robinson Shiba fez. Com humildade, reconheceu que precisava estudar mais sobre a startup que havia acabado de criar. Então, precisou conhecer não só termos técnicos, mas indicadores que poderiam levar à falência.

Não se deixe levar pela confusão da autossuficiência, pois na verdade ninguém ensina um professor de Jiu-Jítsu a se tornar um empreendedor de sucesso, e é por esse motivo que escrevemos estas laudas. Ainda que você consiga uma franquia com uma marca de sucesso, precisou de um bom investimento inicial para isso. Mas também não é só isso e nem se engane, porque manter marcas de sucesso é tão difícil e requer tanto preparo quanto iniciar uma marca que fará sucesso. A diferença é que se paga no início, pelos anos perdidos do empreendedor inicial... e nada mais justo.

Podemos observar professores que sequer sorriem, são mal-encarados, produzem antipatia e até fazem questão disso. Isso pode ser interessante no Ultimate Fighting Championship - UFC, para o Dana White e seus sócios, porque diferente dos primórdios que eram verdadeiros combates entre artes marciais, hoje os lutadores são como cavalos de corrida que você aposta no mais forte e mais preparado. A diferença é que os cavalos não ganham nada para tamanho sacrifício.

Todos sabemos que o UFC é um grande teatro ou como diria o Grande Mestre Rorion Gracie, fundador do UFC, "um show de TV sobre luta" onde cada personagem são grandes lutadores e atores ao mesmo tempo, que se faz necessário para vender.

No UFC 196, Dana White fez uma estimativa de mais de um milhão de dólares só com o pay-per-view. Isso sem contar com a venda de ingressos, produtos etc.

Hoje, ainda presidente do UFC, mas no passado, comprou a marca de Rorion Gracie, fazendo triplicar o capital, vendeu considerado percentual em 2016, por bilhões, aos irmãos Fertitta, restando apenas uma parcela reduzida a Dana White.

Dessa história toda, podemos analisar da seguinte forma: assim como Mestre Carlos e Hélio Gracie, foram fundamentais para o reconhecimento do Jiu-Jítsu no mundo, Dana White foi fundamental pelo reconhecimento das Artes Marciais Mistas – MMA, também como esporte. Ambos empreenderam esforços, dinheiro e trabalho duro, ambos passaram por problemas que quase fizeram desistir, ambos sofreram pressão social, mas no fim obtiveram êxito e foram vencedores.

Persistir é a palavra chave para o início de um caminho de vitórias, mesmo que os problemas apareçam, com preparo e insistência, tudo é possível.

Portanto, faça diferente, inove, não seja igual as outras academias, porque ninguém quer mais do mesmo.

3.3. Aluno Confuso

> "3. Misturar regras próprias à ordem civil e à ordem militar."

A relação professor / aluno é na verdade professor (profissional liberal) / aluno (cliente), nessa ordem e não o contrário, profissional liberal / cliente, sob pena de fadar ao fracasso e o que era para ser uma Academia de Arte Marcial, vai se tornar um local para terapia ocupacional. Marcialidade é tão importante quanto a disciplina. Pregamos a filosofia da melhor e mais eficaz arte marcial do mundo. Isso não pode ser esquecido por um ciclo vicioso de alguns que acham que porque fazem pontos, fazem Jiu-Jítsu. Basta pensar em algumas posições para defesa pessoal e analisar se tem aplicabilidade prática ou se foi inventado para somente travar o adversário. Pense também em um faixa branca de 70 anos executando o "berimbolo".

Convido o caro leitor a assistir a luta no Metamoris de Ryron Gracie contra André Galvão, publicado no Canal Metamoris no youtube.

O aluno precisa ter em mente, já na faixa branca, que tipo de Jiu-Jítsu ele irá aprender, "civil ou militar". Isso nas primeiras aulas é fácil identificar, se o professor fica sentado o tempo todo, se o professor fica no celular o tempo todo, se o professor tem o kimono limpo ou sujo, se o professor é de uma linhagem confiável no Jiu-Jítsu ou é do Jiu-Jítsu "Cobra Kai", desconfie dos professores que não tem passado, saiba quem foi o professor do seu professor, se o professor vai realmente agregar valores e por fim, faça o seguinte teste: você colocaria seu filho para ter aulas com esse professor? Se a resposta for positiva, então há grandes chances de seu filho se tornar um cidadão de bem e só assim, terá com certeza um método de avaliação do profissional, com 83% de chance de acerto.

3.4. Amizade versus profissionalismo

"4. Confundir o rigor necessário ao governo do Estado e a flexibilidade que o comando das tropas requer."

Um dos grandes problemas das academias atuais é que o aluno não se vê como aluno, mas um consumidor que quer o produto. Logo, se você é um prestador de serviços, há de se identificar que estará se sujeitando a fornecer um serviço. Dessa forma a atualidade do jiu-jítsu tem se mostrado, com pessoas em busca de resultados e metas a atingir.

O professor por sua vez, deve ter cautela ao lidar com essa realidade social, uma vez que a geração que procura uma academia de artes marciais hoje, assim como um emprego, é uma geração de jovens que tem boa formação acadêmica, são poliglotas, mas com grandes dificuldades em se relacionar com o meio social, sem ser o virtual.

Uma boa estratégia oferecer a oportunidade desse jovem ser um auxiliador, um facilitador ou um mediador que poderá receber futuros alunos, passar posições simples ou ainda, contribuir à manutenção do dojô. Essa responsabilidade, além de fortalecer a autoestima desse indivíduo, ele se tornará capaz de reproduzir os conceitos de humildade e respeito que estão sendo passados.

Certa vez, ao visitar uma academia de musculação para oferecer os serviços como professor de Jiu-Jítsu, observei umas pessoas malhando e uma senhora da limpeza. Como não havia ninguém na recepção, me dirigi aquela senhora, com um sorriso, o máximo de educação possível e a questionei sobre o dono da academia. Em seguida, ela questionou do que se tratava e nesse momento pensei: "curiosa hein!". Disse que eu era professor de Jiu-Jítsu e gostaria de oferecer esse serviço, dependendo do quadro de horários da Academia. Para minha surpresa, ela era a dona da Academia. Em seguida pensei novamente: "Nossa! Ainda bem que não a tratei mal." Esse exemplo dessa senhora, me ensinou que devemos ser líderes servidores em todo momento. Pois, não me considero um idoso, mas sei que julguei mal, nesse caso.

Essa geração atual é menos tolerante que a anterior, uma geração do imediatismo e das facilidades. Para isso o profissional que trabalhará com esse indivíduo deverá ter ciência que ele pode ser útil, principalmente em razão as gerações anteriores, que não são tão ágeis e imediatas. O segredo é unir os dois pontos de vista em busca do resultado final, porque onde um termina, o outro pode completar. Assim é o trabalho de uma boa equipe gerida por um bom gestor estratégico de pessoas.

O cuidado com relação ao profissionalismo, varia de cada gestor, avaliar de que forma arcará com o risco de colocar uma ogiva nuclear dentro de uma caldeira fervente ou em um deserto sereno.

O líder servidor é aquele que observa seu negócio tão de perto que fica feliz em limpar a poeira do ventilador ou perder dez minutos de seu tempo para varrer o tatame. Pois com isso, ganha-se tempo para pensar nos problemas de seu negócio e prováveis soluções.

Em um desses treinos observei que o aluno confunde tanto a amizade que lhe é oferecida pelo professor que acaba nem pagando a mensalidade da Academia. Por sua vez, o professor também já é tão amigo, que não cobra. Para lidar com isso, não precisa deixar de ser um líder amigo ou um líder servidor, mas precisa ser um líder profissional que sabe impor limites, sem ser agressivo ou indelicado.

Portanto, ter cautela ao observar que a amizade está passando dos limites, nesse sentido, cabe reportar-se ao valor que o professor representa e explicar o motivo de dar aulas de Jiu-Jítsu, torna-se suficiente para mostrar aquele aluno o quanto ele precisa se sentir honrado em treinar com um professor tão competente e fazer valer o dinheiro que ele paga.

3.5. Responsabilidade divisível

"5. Dividir a responsabilidade."

Quando se trata de guerra, dividir responsabilidades parece uma tarefa árdua e fatal.

No entanto, nossa guerra diária pela sobrevivência e sustento de nosso lar, reflete em decisões muitas vezes tão árduas, quanto se estivéssemos em uma guerra real.

Já foi aqui abordado sobre ter uma Academia já com um nome rentável, mas não se tocou em valores propriamente ditos.

Nesse caso, as margens de capital são variáveis, assim como se você tem interesse em ter um restaurante de fast food ou uma loja de venda de tênis.

No Jiu-Jítsu, é exatamente isso. Existe a Academia que nem o nome apresenta em sua bandeira, mas é tão famosa e conhecida mundialmente que só pelo logotipo, é fácil identificar.

Por outro lado, há aqueles que não tem tanta expressão, mas está em um patamar intermediário e espera de você uma associação que o leve ao topo.

Nesses dois exemplos acima, você precisa pensar bastante. Pois, se é de seu interesse ser mais um e fazer igual a todos, mas num prazo de uns dois anos, o retorno pode ser agradável ou se aventurar a começar do zero, e num prazo maior esperar o retorno.

Se for esse o caso ou não for, há uma questão muito importante que precisa ser respondida:

- Sócios: Ter ou não Ter? Eis a questão.

Entenda bem! Cada caso é um caso diferente a ser pensado e avaliado.

Já tive depoimentos que o professor começou sozinho, com muitas dificuldades e aos poucos foi crescendo; e outros que desistiram de tentar.

Mas também, tive experiências cujo os sócios eram um peso financeiro do eventual lucro, mas por outro lado, os problemas também eram mais fáceis de resolver, porque também eram divididos.

Quando há a possibilidade de escolher, pondere sempre essas hipóteses, pois serão essenciais e interferirão diretamente no foco principal, que seria o Jiu-Jítsu quanto profissão.

3.6. Desordem

"6. Disseminar a suspeita, que engendra a desordem: um exército confuso conduz à vitória do inimigo."

Uma vez iniciado todo procedimento inicial ao encaminhamento da abertura de sua Academia, esteja atento quanto à manutenção da imagem.

Quando compramos um carro zero quilômetros, durante alguns anos, não precisamos nos preocupar com manutenção de motor. Isso é um conforto que materialmente não há preocupações.

No entanto, se você é uma pessoa que tem o costume de colecionar inimigos, esse carro adquirido com tanto suor e economia, poderá ser objeto de fofocas.

O mundo das artes marciais, no quesito empatia, antipatia e simpatia, é igual ao mundo dos negócios. Se tem alguém que lhe vê como ameaça ou ameaçando o seu negócio, o ser humano é capaz das piores atrocidades.

Entretanto, quando se fala de Jiu-Jítsu especificamente, e sendo ainda mais específico, em relação a um faixa preta, seria de bom tom que esse atleta, já estivesse pronto para ser um professor de verdade e não só um colecionador de medalhas.

O professor e grande amigo, Fabiano Menezes da Team Link, diz que há espaço para todos, desde que se faça um "bom trabalho".

Daqui a pouco trataremos sobre o que vem a ser esse "bom trabalho". Por enquanto, não perca o foco e sua perseverança, quanto a esses detalhes que podem causar a confusão e desordem que seus "inimigos" querem causar.

Busque sempre em você um controle interno, um equilíbrio que nos momentos de ira, traduzem bem o quanto somos equilibrados e ou controlados.

Essa paz interior, caso não tenha, é fácil buscar. Caso já tenha encontrado, mais fácil em manter.

Os indivíduos mais calmos naturalmente, são em sua essência aqueles que quando saem de si, tornam-se furiosos ao extremo. Isso se dá porque essas pessoas têm mais facilidade em guardar suas emoções e quando há o momento de ira, descontam até o tropeção que deu há três meses. Essas pessoas são mais fadadas a psicossomatizar doenças, e isso é mais sério do que se imagina.

Por outro prisma, há os mais estressados que não acumulam nada e expõe tudo o que pensam. Para esses, está tudo bem fisicamente, mas suas relações interpessoais tendem a não ser tão saudáveis assim.

Dessa forma, há de se buscar um meio termo, um ponto de equilíbrio capaz de atrair e captar pessoas, ao mesmo tempo que não tenha problemas de pele, por exemplo.

Com esse equilíbrio, adquire-se a capacidade de enfrentar problemas maiores do que se preocupar se falam inverdades a seu respeito.

Nossa melhor ferramenta é o Jiu-Jítsu e algo que acontece com frequência, é o professor parar de treinar. Seja pela quantidade de aulas, seja pela falta de tempo ou qualquer outro motivo, o professor e principalmente o responsável pelo negócio, precisa encontrar tempo para treinar e extravasar os problemas emocionais. Essa é a nossa terapia!

Dessa forma, evitar-se-á a desordem e a confusão que as maledicências são capazes de provocar em qualquer ambiente de bem e sua imagem ficará preservada da melhor forma possível. Basta ser uma questão de tempo, o seu sucesso estará garantido.

3.7. Apatia

"7. Aguardar ordens em todas as circunstâncias. Isso equivale a esperar autorização de um superior para apagar o fogo: antes que a ordem chegue, as cinzas já estarão frias. No entanto, está escrito no código que se deve consultar o inspetor nesse assunto! É como se, ao edificar uma casa na beira de uma estrada, fôssemos pedir conselho aos passantes: o trabalho ainda não estaria terminado."

Uma vez preservando sua imagem, agora sim é o ponta pé inicial rumo à vitória, e como tal, não se engane que irá ficar de pernas para o ar e tudo irá aparecer como um passe de mágica. Na realidade, a única coisa que aparece como uma mágica, são os problemas.

Tão importante quanto sua imagem, no mercado das artes marciais, é a manutenção de sua Academia.

Sabendo disso, não há tempo de descansar, pois a vida é cíclica e seus alunos/clientes sabem disso. Se você não fornecer um ambiente propício, melhor repensar em sua proposta, antes que prejuízos maiores ocorram.

Aqui, queremos evitar essa apatia profissional, tendo em vista que não há nada mais desagradável do que você treinar aos nove graus Celsius e antes de ir para o trabalho, ter que tomar um banho frio, porque o dono da Academia não quer colocar um chuveiro com água quente.

Nessa trajetória, aprendi que os detalhes fazem toda diferença. Mas também observei que não é obrigação do aluno/cliente informar que sua Academia está suja, por exemplo.

Ressaltando que o aluno é em primeiro lugar um aluno e depois cliente. Não é o inverso, pois estamos falando de arte marcial. Não é porque se tornou brasileira, com a incidência japonesa em solo tupiniquim, adaptando-se ao jeito brasileiro, que é uma bagunça.

A marcialidade significa, antes de qualquer coisa, um método aplicável com frequência. Isso identifica-se facilmente, por exemplo, se a escola exige que o aluno faça reverências, seja ao Dojô, aos colegas ou principalmente aos mestres do passado.

Isso prova que o aprendiz não determina o que ele quer fazer, mas o mestre sim, porque leva consigo milhares de anos de história de arte marcial.

Assim, para que outras pessoas não decidem por você, decida antecipadamente, tenha a capacidade de prever os próximos passos de seu próprio negócio ou outros farão em seu lugar.

Capítulo IV

4. O Segredo da vitória

Sun Tsu afirma que para vencer os inimigos, são necessários cinco circunstâncias, que veremos a seguir suas aplicabilidades, em nossa realidade.

4.1. Humildade

"I. Saber quando combater e quando bater em retirada."

Creio que não há melhor esporte para vencer o ego, que o Jiu Jitsu. Porque se pararmos para analisar, qual esporte te dá autoestima elevada, autoconfiança, certeza de atitudes, temperança, empatia e ainda te "obriga" a ser humilde?

A questão é que de todas as artes marciais, o Jiu Jitsu é a mais nobre delas, pois oferece a chance do adversário desistir, como diria o Grande Mestre Hélio Gracie.

Sendo assim, qualquer indivíduo egocêntrico, naturalmente ou abandona a arte suave ou se torna o melhor dos professores.

A desistência é algo que aprendemos, no decorrer de nossas vidas. Desistimos da chupeta, desistimos do velotrol, desistimos de comer certos alimentos, desistimos de ir por determinada rua... muitas são as razões que nos motivaram a desistir de algo que momentaneamente nos fazia bem ou mal.

Fato é que a cada desistência, tomamos novas decisões com novas desistências. Por exemplo, desisti do Karatê, do Tae Kwon Do. Mas não desisti da capoeira e do Jiu Jitsu. No entanto, hoje somente pratico o Jiu Jitsu, mas a capoeira ainda é uma opção.

Saber escolher e decidir definitivamente, é o fator essencial para que tudo dê certo. Repare que não me refiro a tempo, porque podemos tomar a decisão errada, mas se foi de forma pensada, é natural que com o tempo acertamos na próxima vez.

Ser humilde não significa se menosprezar ou memorizar, mas significa que quando desistir de uma decisão, em prol de outra, saber que o erro ocorreu e fará de tudo para melhorar, é o fator motivacional à vitória. Isso é ou não é o Jiu Jitsu?

Aula para deficientes visuais.

4.2. Circunstâncias

"II. Saber lidar com o pouco e o muito, segundo a circunstância."

Na vida profissional de qualquer pessoa, o que nos destaca é a realização das metas estabelecidas pelo empregador. Em outras palavras, as circunstâncias que nos fazem sermos bons profissionais, também é o atingimento de metas. Com isso, o "bom trabalho" citado em capítulo anterior, reflete diretamente no planejamento do Professor.

As maiores escolas de Jiu Jitsu se destacaram por sua excelência em competições, mas antes disso houve um planejamento estratégico pré-estabelecido pelo professor.

Certa vez um aluno, que quase não vai aos treinos, me disse que havia se inscrito em um Campeonato. Não bastando simplesmente se inscrever e depois me comunicar, ainda exigiu um treinamento para aquela competição que ocorreria em menos de um mês. Por bem, houve um planejamento focado e suficientemente capaz de evitar com que aquele aluno saísse machucado. Para ele, eu o estava preparando para ser o campeão, mas na verdade, minha preocupação era sua integridade física, em razão do curto espaço de tempo. E o objetivo foi atingido! Ele não se sagrou campeão, mas se sentiu bem.

Nesse caso, há dois problemas que vale a pena estudarmos. O primeiro, se é possível ter um planejamento para competições para o aluno faltoso? O segundo, se vale a pena mudar o planejamento atual, em prol daquele aluno?

Pois bem, peço que não responda friamente. Considere fatores como número de alunos da classe, frequência, tempo de experiência do aluno e dos alunos.

No meu caso, todos estavam apoiando esse aluno. Então, vi a possibilidade de crescimento da equipe, bem como deles se ajudarem. Esse planejamento deu certo!

Por outro lado, é preciso esclarecer que a competição é a ponta do iceberg do que é o Jiu Jitsu e o aluno competidor representa 3% do seu total de alunos. Com isso, vale a pena ter um planejamento focado somente em competições?

Independente da sua resposta à retórica anterior, tenha em mente que planejar é antes de tudo, identificar as circunstâncias que por mais desafiadoras que sejam, irão agregar valores para toda a equipe. Muitas vezes pensar no todo em detrimento de sua própria vontade, é um ensinamento de paciência e é um treinamento de sua complacência. Por fim, você perceberá que valeu a pena e o melhor ainda está por vir.

O grande professor, lutador, coach e empreendedor Fábio Gurgel, sócio da renomada Alliance, uma das maiores e melhores equipes da atualidade, nos ensina que o segredo é o planejamento correto, combinado a uma boa metodologia de ensino.

Então, tenha o seu Plano de Aula. Esse é feito diariamente, com base no seu Plano de Curso que é realizado no início do planejamento.

Plano de Curso x Plano de Aula

Importa ressaltar, que o ambos dependem um do outro. Pois o Plano de Curso por mais sucinto que seja, faz-se necessário a incidência do Plano de Aula. Em um Plano de Curso deve conter toda a programação e metodologia aplicada desde a faixa branca até a faixa preta. Portanto, bem abrangente e trabalhosa, mas verdadeiramente importante.

Por sua vez, o Plano de Aula pode ser feito diariamente ou semanalmente. O mais interessante aqui é seguir os tópicos que o Plano de Curso determina.

Para exemplificarmos, abaixo segue um Plano de Curso e Plano de Aula que poderão servir de base para criação de seu próprio planejamento:

PLANO DE CURSO

1.Unidade didática: Jiu Jitsu (faixa branca até o primeiro grau);

2.Horas aula: 30 h/a;

3.Equipe: Fadda Brazilian Jiu Jitsu;

4.Conteúdo Programático:

4.1. Filosofia;

4.2. Ukemi;

4.3. Fuga de Quadril;

4.4. Queda;

4.5. Defesa Pessoal;

4.6. Conceito de Guarda Fechada;

4.7. Saída da Guarda Fechada;

4.8. Controle Lateral;

4.9. Montada;

4.10. Finalização da Montada;

4.11. Passagem de Guarda;

5. Metodologia: Fadda Jiu Jitsu / Gracie Jiu Jitsu;

6. Avaliação: Após as 30 aulas, o aluno que frequentou, participou e assimilou todo conteúdo programático, receberá o primeiro grau na faixa branca.

PLANO DE AULA

Academia: Takey Sports
Equipe: Fadda Jiu Jitsu
Data: 21/04/2018
Objetivos: (Geralmente são ações ou verbos, conforme o conteúdo programático do Plano de Curso) Explicitar a Filosofia do Jiu Jitsu.
Conteúdo: (4.1) Filosofia
Metodologia ou estratégia: Citar um trecho da Obra "O livro proibido do Jiu Jitsu"; Mostrar a entrevista do Mestre Hélio Gracie.
Recursos Didáticos: Data Show
Avaliação: Será realizada de forma oral, sobre forma de perguntas expositivas.

4.3. Frequência

> "III. Compor habilmente suas fileiras. Mêncio diz: 'O momento oportuno não é tão importante quanto as vantagens do terreno; e tudo isso não é tão relevante quanto a harmonia das relações humanas'."

Após o fato ocorrido com o aluno da competição, decidi fazer um controle mais rigoroso da presença. Assim, faço uso de aplicativos para presença, agenda e informo com antecedência a matéria da próxima aula.

Os aplicativos são os mais variados, até ter o seu próprio onde o aluno confirma a presença.

A agenda, é um backup do aplicativo, pois se perder o celular ou for furtado, o "show" não pode parar. Outra grande vantagem da agenda, é o uso de apontamentos ou planos B, utilizados naquele dia. Pois como é sabido, todo plano de aula tem que ter um plano B.

Informar sobre a próxima aula é uma excelente estratégia. Mas cuidado, é necessário que isso seja falado com empolgação porque se bem você está animado, quanto mais seus alunos ficarão.

A tropa sempre será o espelho do guia, então a alegria tem que ser constantemente utilizada como estratégia de ensino.

O professor, lutador e coach Renzo Gracie afirma que Jiu Jitsu se ensina sorrindo!

Saber se auto motivar é uma tarefa árdua, pois somos dotados de problemas dos mais variados e existentes.

Sempre me recordo do cantor evangélico que recebeu a notícia do falecimento de sua mãe, minutos antes de se apresentar. Ele se apresentou como se nada tivesse acontecido porque naquele momento ele tinha um propósito maior que seus próprios interesses. No fim da apresentação, se despediu do público e se entregou ao problema.

Agora, se coloque no lugar dessa pessoa e se pergunte se faria o mesmo? Acho que só os propósitos divinos para mover tamanha fé.

O que importa para nós aqui é que nossos alunos não têm que saber ou participar de nossos problemas ao ponto de interferir nas aulas como um todo.

Saber ser profissional é importante para garantir a seriedade do seu trabalho, bem como a frequência da Equipe.

4.4. Preparação

"IV. Preparar-se, prudentemente, para afrontar o inimigo potencial. Não prever, dando como pretexto a inferioridade do adversário, é o maior dos crimes. Estar preparado, independente de qualquer contingência, é a maior das virtudes."

Para tudo na vida temos que ter preparação. No entanto, Sun Tsu nos alerta com veemência da preparação física. Pois, ninguém vai à guerra crendo que o inimigo nunca vai atacar porque é inferior.

Da mesma forma, o professor de Jiu Jitsu tem que estar preparado para treinar com qualquer um. A diferença de quando você era um aluno para quando se torna um professor, é que agora você não pode se dar ao luxo de se machucar. Justamente é esse fator que lhe fará dar mais um avanço em sua qualidade técnica. Antes o que eram movimentos arriscados e eficientes, hoje têm-se movimentos básicos e eficazes.

Cada um faz a preparação física e

técnica que acha necessária. Mas não se preparar é que se torna um grande erro.

Quantas vezes você já entrou em uma academia e observou que o professor não treina com os alunos ou com os visitantes? Quando iniciei a vida como professor de Jiu Jitsu, percebi que não tinha mais tempo para treinar. Com isso, recorri a preparação aeróbica e a técnica acabou ficando de lado. Depois, vi que fazer a preparação física e técnica junto com os alunos também não era muito aconselhável, porque na hora de mostrar uma posição, você precisa ter uma boa dicção e esbaforido, sem ar e cansado, definitivamente não dá para falar.

A solução foi fazer alguns exercícios e ponderar outros para não prejudicar o entendimento da aula. Uma boa explicação com um tempo razoável, vale mais do que que mil explicações, sem tempo nenhum. Assim, se preparar é possível, basta dar chance aos erros e aprender com eles.

4.5. Acreditar em si

"V. Evitar as ingerências do soberano em tudo que executar, para a glória de seus exércitos."

Ser confiante é um dos ensinamentos do Jiu Jitsu para nossa vida. No entanto, quando somos realmente testados é que vemos o quão confiante somos.

Entanto, acreditar em si vai além da confiança, pois confiar em suas técnicas é diferente do que confiar em uma mudança de emprego, por exemplo.

Imagine a seguinte situação:

Você com estabilidade profissional, em um serviço público, responsável por uma bandeira de Academia mundialmente conhecida, abandonaria tudo isso para recomeçar do zero?

Se você tiver fé em algo infinitamente

maior do que só a técnica que aprendeu, se você tiver um propósito familiar, mais importante do que qualquer prestígio, a resposta a essa pergunta não será tão simples.

Portanto, acreditar em si e que tudo dará certo é uma certeza que não se pode calcular em sentenças matemáticas. Afinal de contas, a fé é a livre convicção daquilo que não se pode mensurar. Outro detalhe é que fé é independente de religião e crenças, mas talvez uma religiosidade.

Caminhe com segurança, humildade e fé, pois o verdadeiro campeão é aquele que cresce por seus próprios méritos e sem usar outras pessoas como degrau.

Oss.

O Corvo

Seja a fortaleza que espera dos outros;
Seja o caminho que só você sabe guiar;
Entenda do céu e mar como um corvo marinho;
Mas saiba que sozinho nunca irá chegar;

Se porventura sua riqueza vier perder;
Nessa altura, sua queda, só você poderá sofrer;
Tenha fé em ficar de pé, pois mesmo voando, sabes andar;
Mas se o cansaço te abater, lembre-se sempre de lutar;
Pois seu caminho, corvo marinho, não pode ser outro, senão o mar.

Bibliografia:

1. *Gracie Jiu-Jítsu.* Hélio Gracie, Editora Saraiva, 2007. ISBN 8502061844;
2. *Carlos Gracie: o criador de uma dinastia.* Reila Gracie, Editora Record, 2008. ISBN 8501080756;
3. Mol, Serge (2001). *Classical Fighting Arts of Japan: A Complete Guide to Koryū Jūjutsu* Kodansha [S.l.] pp. 1–242. ISBN 4-7700-2619-6. (em inglês);
4. Sun Tzu. A Arte da Guerra.

Patrocinadores: